KB054860

일기 예보를 믿을 수 있을까?

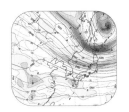

PEUT-ON CROIRE LA MÉTÉO?

by Robert Sadourny

민음 바칼로레아 019

일기 예보를
믿을 수 있을까?

로베르 사두르니 ┃ 이동규 감수 ┃ 정나원 옮김

민음in

차례

● 일러두기

1 본문 가장자리에 있는 사과 🍎 는 이 책을 통해 반드시 이해해야 하는
  핵심 개념을 표시한 것입니다.
2 본문 아래쪽의 주는 독자들이 본문 내용을 쉽게 이해할 수 있도록 한국어판에 특별히 붙인 것입니다.
3 인명 및 지명 표기는 한글 맞춤법 통일안 및 외래어 표기 규정을 따랐습니다.
4 본문에 사용한 부호 및 기호의 뜻은 다음과 같습니다.
  ─ 전집, 단행본: 『 』
  ─ 신문, 잡지: 〈 〉
  ─ 개별 작품, 논문, 기사: 「 」

질문 : 일기 예보를 믿을 수 있을까?

우리는 흔히 '날씨가 좋다', '기상 상태가 나쁘다', '하늘이 맑다', '구름이 잔뜩 끼었다' 등의 말을 한다. 또 뉴스를 듣다 보면 '비 올 확률은 90퍼센트이다', '북태평양 고기압 세력이 형성 중이다' 등의 말과 접하게 된다. 도대체 이 말들은 무슨 뜻일까? 뉴스 진행자는 앞으로의 날씨를 어떻게 알 수 있을까? 사람들은 왜 이러한 자연 현상에 관심을 두는 걸까?

이 책은 이러한 질문에 과학적으로 답하기 위하여 씌어졌다. 이 책이 다루려는 대상은 '기상', '일기', '날씨' 등인데, 모두 비슷한 뜻으로 흔히 위에서 이야기한 대기 현상과 관련된 것들을 통틀어서 일컫는 말이다. 자연 과학의 여러 학문 분과 중에서 주로 날씨 문제를 다루는 과학을 **기상학**이라고 한다. 기상학을 달리 '대기 과학'이라고도 하는데, 이는 날씨 문제가 일반적으로 대기의 상태와 밀접한 관련이 있는 데다 기상학이 대기 과학에서 아주 중요한 분야이기 때문이다. 이 책을 통하여 독자들은 과연 기상학자가 날씨를 어떤 식으로 다루는지, 즉 대기 상태를 어떤 식으로 파악하여 예측하는지를 이해하게 될 것이다.

하지만 사람들이 날씨에 관심을 갖는 것은 과학적 호기심 때문이 아니라 좀 더 실제적인 이유 때문이다. 내일 외출해야 하는데 외투를 입어야 할까? 들녘에 소풍을 가는데 우산은 가져가야 할까? 충분히 추워진 것 같은데 이제 선풍기를 창고에 넣을까? 이처럼 사람들은 대부분 지나간 날씨보다는 앞으로 올 날씨를 궁금해 한다.

다가올 날씨에 대한 관심이 어제오늘 일은 아니다. 옛사람들은 농사를 짓거나 고기잡이를 나갈 때를 대비하여 구름 모양을 관찰하거나 바람의 방향 또는 세기를 기억하여 날씨를 예측하고자 했다. 이러한 옛사람들의 관찰 기록은 날씨 속담의 형태로 지금까지 전한다. 여러분도 들어 보았을 것이다. "제비가 낮게 날면 비가 온다."라든지, "아침에 안개가 끼면 날이 맑다."라든지 하는 속담들을 말이다.

하지만 현대인들은 옛사람들에 비하여 훨씬 더 자주, 그리고 정확하게 날씨를 예측하고 싶어 하는 것 같다. 텔레비전이나 신문을 보면 일기 예보가 현대인의 일상생활에서 얼마나 큰 비중이 있는지를 알 수 있다. 일기 예보가 빠진 텔레비전 뉴스나 기상도가 없는 신문을 본 적이 있는가? 또한 날씨와 관계있는 각종 기사들이 신문 지면을 채우거나 뉴스 시간을 점유하는 일이 많아지고 있다. 홍수로 인한 농지 침수, 폭설로 인한 도로 폐쇄, 태풍이 휩쓸고 간 건물 등등.

우리는 왜 이토록 날씨에 관심을 갖는 것일까?

교통수단의 발달로 쉽고 빠르게 멀리 이동할 수 있게 됨에 따라 사람들은 집 주변의 날씨뿐만 아니라 먼 곳의 날씨 역시 신경 쓸 수밖에 없게 된 것이 그 한 이유일 것이다. 또 과거에 비하여 상상할 수 없을 정도로 쾌적함을 추구하는 생활 습관 때문에 날씨의 사소한 변화조차 참을 수 없게 된 것도, 기술 발전으로 인해 온도나 습도에 극도로 민감한 정밀 기계들이 나타남에 따라 항상성을 유지하는 데 대단히 애를 쓰게 된 것도 그 이유일 것이다.

요컨대 현대 사회는 중세 사회나 고대 사회보다 날씨의 우연성에 좀 더 영향을 많이 받는 사회이다. 현대인들이 옛사람들에 비하여 날씨에 더 관심을 둘 수밖에 없게 된 것은 아마 이 때문일 것이다.

게다가 객관적으로 볼 때 날씨와 관련하여 이전보다 훨씬 더 거대한 사건들이 계속해서 일어나고 있다. 날씨 관련 뉴스가 이처럼 자주 세상 사람들의 주목을 끈 시기도 없을 것이다. 텔레비전을 켜거나 인터넷을 검색해 보면 금세 알 수 있을 것이다. 북극 빙하가 사라지고 있다, 킬리만자로 산의 만년설이 녹아내리고 있다, 해마다 적도 지역에서 더 강력한 태풍이 생성되고 있다……. 이러한 뉴스를 접해 보지 않은 사람은 하나도 없을 것이다. 이 현상들은 전 세계적인 이상 고온 현상의 영향으로 추정되고 있으며, 모든 국가들이 이를 막는 데 막대한 노력을 기울이고 있지만 계속 심해지고 있다.[*] 어쨌든 잦은 이상 기상 현상으로 인하여 이제 사람들은 날씨의 변화가 지금까지 인류가 쌓아올린 문명의 토대를 한꺼번에 무너뜨릴 수 있다는 사실을 깊이 인식하게 되었다.

날씨를 이해하려면 먼저 **기후**와 날씨(기상)를 구분할 줄 알아야 한다. 이는 아주 쉬운 일에 속하지만 이상하게도 사람들은 두 말을 자주 헷갈린다. 가령, 어떤 사람이 '나쁜 기후 속에

· · ·

이상 기온 현상 이에 대해 자세히 알고 싶은 사람은 이 시리즈에 속한 『기후가 미친 걸까?』를 참조하라.

서' 경기가 열렸다고 말했다고 하자. 언뜻 들으면 별 문제가 없어 보이지만, 이때 '기후'는 '날씨'라고 해야 정확하다. 그날 그날의 대기 상태를 나타낼 때에는 '날씨'라는 말을 써야 하기 때문이다. 하루 또는 한 주일 동안 온갖 날씨가 모조리 나타나더라도 기후에는 별 영향을 주지 못할 수 있다. 기후는 일정한 지역 또는 일정한 기간에 나타나는 가장 평균적인 날씨를 말한다. 그러므로 기후라는 말은 아주 장기간에 걸쳐서 나타나는 특정한 대기 상태를 가리킬 때에만 쓸 수 있는 것이다.

기상 예보관은 기후가 아니라 하루 또는 한 주일 동안의 날씨 변화를 예측한다. 그가 하는 일, 즉 일기 예보는 대단히 특수한 형태의 과학이다. 연구 대상은 '날씨' 단 하나뿐인데, 그 날씨는 눈앞에서도 계속해서 바뀐다. 게다가 다른 과학과 달리 날씨는 너무나 복잡 미묘한 요소들로 이루어져 있기 때문에 실험조차 불가능하다. 기상 예보관이 할 수 있는 일이라고는 오로지 기상 현상을 꾸준히 관측하고 분석하여 그 결과를 자연법칙에 맞게 이해하는 것뿐이다.

그러나 어떤 순간의 날씨를 완벽하게 알아내려면 전 세계의 고도, 기압, 기온, 습도 등을 비롯하여 구름양이나 강수량 등을 모두 알아야 한다. 또 공기 오염 정도, 대기 중 화학 물질의 함유 비율 등도 파악해야 하며, 지표면이나 바다 또는 호수 등의 상태도 인지해야 한다. 이 목록은 정말 끝이 없다.

날씨를 예측하는 데 왜 이렇게 많은 것을 알아야 할까? 뒤에서 다시 다루겠지만, 그 이유는 오늘의 날씨를 이루는 아주 작은 요인조차도 며칠 뒤의 날씨에 상당한 영향을 미치기 때문이다. 따라서 기상학자들은 날씨에 영향을 줄 수 있는 요소들은 단 하나라도 소홀히 할 수 없는 것이다.

그런데 이 요소들을 알면 정말로 미래의 날씨를 정확하게 예측할 수 있는 것일까? 단 하나라도 정확하게 알지 못하면 날씨를 예측하는 데 심각한 오류를 일으키지 않을까? 게다가 아무리 과학이 발달하더라도 위에 열거한 요소들을 모두 아는 것은 불가능하지 않을까? 그렇다면 방송이나 신문에서 매일 마주치는 일기 예보는 도대체 뭐란 말인가? 그것은 도대체 믿을 수 있는 것일까?

이제부터 차근차근 이 질문들에 대답해 보자.

1

일기 예보란
도대체 무엇인가?

왜 일기 예보가 필요할까?

날씨를 정확하게 예측하는 것은 인간 활동에서 늘 중요한 일이었다.

로마 시대에 상업이 급격히 발달했을 때 사람들은 지중해 지역의 바람 상태에 대하여 알고 싶어 했다. 15세기 초부터 대항해 시대˚가 시작되자 사람들은 특정한 지역을 넘어서서 지구 전체의 날씨에 대한 정확한 정보를 제공받고 싶어 했다.

• • •

대항해 시대 서양사의 한 시대로, 15세기 초 포르투갈의 엔리케 왕자가 아프리카 항로를 개척한 것을 시발점으로 하여 콜럼버스의 아메리카 대륙 발견을 거쳐 17세기 초 시베리아 탐험에 이르기까지 유럽 각국이 대규모 항해나 탐험을 통하여 새로운 세계를 발견한 시대를 말한다.

오늘날에도 여전히 철도나 도로, 해운이나 항공 수송의 안전이나 효율성이 폭풍, 폭우, 폭설 등으로 인해 심각한 타격을 입을 수 있다. 험한 바다에서 고기를 잡을 때, 대규모 군사 작전을 펼칠 때, 여가를 즐기려고 들이나 산으로 놀러 가려고 할 때, 심지어 아침에 출근하려고 집을 나설 때조차도 날씨는 무엇보다도 중요하게 고려해야 할 요소이다. 아르헨티나의 부에노스아이레스에서 출간된 칠레 케이프혼°의 해상 지도에는 거기서 일어난 수많은 난파 사고로 침몰한 배들이 기록된 것을 볼 수 있다. 워털루 전투에서도 날씨가 무시 못 할 역할을 했음을 잊지 말자.°

오늘날 선박이나 항공기 등은 목적지로 출발하기 전에 미리 일기 예보를 살펴본다. 폭풍을 피하고 순풍을 이용하는 것이 큰 이득이 되기 때문이다. 원양 어선 선원들은 태풍 정보에 늘 귀를 기울이며, 농부들은 농사 일정을 결정하는 날씨 정보에

● ● ●

케이프혼 칠레의 최남단 지역. 거의 하루도 거르지 않고 폭풍이 몰아치는 바다로 둘러싸여 있다.
워털루 전투와 날씨 워털루 전투에서 때마침 쏟아진 폭우로 나폴레옹 군이 자랑하던 포병이 무력화된 사건을 말한다. 이는 곧 나폴레옹의 패배와 몰락을 가져왔다.

대단히 신경을 쓴다. 농업 국가인 인도에서는 계절풍의 시기와 특성을 예측하는 데 국가 전체의 운명이 달려 있다. 작물의 파종 시기와 수확 시기를 주로 일기 예보에 의존하는 것이다.

한편, 열대성 태풍과 같은 자연 재해가 다가올 때에도 일기 예보는 중요한 역할을 한다. 일단 위성이 태풍이 발생한 것을 감지하면, 각국 정부는 국민들의 생명과 재산을 보호하기 위해 그 진로를 정기적이고 신속하게 예보한다. 폭우로 인한 홍수가 날 우려가 있을 때나 폭설이 내려서 교통을 마비시킬 가능성이 있을 때에도 마찬가지이다.

앞에서 살펴보았듯이 미래의 날씨를 알고 싶어 하는 욕망은 인류의 오랜 꿈이었지만, 오늘날과 같은 의미의 일기 예보 시스템과 기상 관측소가 생겨난 것은 1850년대의 일이다. 기상 관측소는 바람, 기온, 기압 등을 정기적으로 측정하는데, 1857년에 프랑스에서 세계 최초로 설립된 기상 관측소는 열아홉 곳이었다. 그 후 약 150년 동안 세계 곳곳에 수많은 관측소들이 설립되었으며, 이들 관측소에서 매일 측정하여 자료로 보관하고 있는 각종 기상 관측 자료들은 오늘날에도 여러 가지 방식으로 활용되고 있다. 만약 여러분이 그 이전에 날씨가 어떠했는지를 알고 싶다면 일기나 편지 따위의 작품, 상인들의 장부 등을 뒤적여야 할 것이다.

기상 관측 도구들에는 무엇이 있어 왔는가?

내일의 날씨를 예측하기 위해서는 먼저 오늘 날씨를 잘 알아야 한다. 그러려면 날마다 정해진 시간에 날씨를 가능한 한 정확하게 측정해야 한다. 이것이 세계 곳곳에 있는 기상 관측소에서 각종 관측 도구들을 이용해서 하는 일이다.

처음으로 기상 관측소가 설치된 19세기 중반 이래 기상 관측에 쓰이는 도구들은 계속해서 발달해 왔다. 특히 1930년경

● ● ●

세계 최초의 기상 관측소 1853~1856년 제정 러시아와 투르크, 영국, 프랑스, 사르데냐 연합군이 벌인 크림 전쟁에서 연합군 함대는 폭풍에 의해 치명적 타격을 입는다. 이 사건을 계기로 프랑스에서는 폭풍의 진로를 사전에 예견할 수 있는 방법을 고민하기 시작했으며, 국방부의 의뢰를 받아 그 일을 맡은 것은 당시 파리 천문대 소장이었던 르베리에였다. 그는 면밀한 조사 끝에 연합군 함대를 강타했던 폭풍이 지중해 쪽에서 발생하여 이동해 왔음을 인식했으며, 무선 전신을 이용한 기상 관측 시스템을 구상해 냈다. 1857년 그는 나폴레옹 3세의 허락을 받아 프랑스 국내외 열아홉 곳에 세계 최초의 기상 관측소를 만들었고, 1863년에는 이들로부터 자료를 받아서 세계 최초로 일일 일기도를 작성하기도 했다.

한국 최초의 일기 예보 한국에서 최초로 기상 예보를 시작한 것은 1898년 1월의 일이다. 당시 러시아 정부는 인천 월미도에 기상 관측소를 설치하여 기상 관측을 하는 한편 기상 신호 장치를 이용하여 항해 선박의 안전을 도모하기 위해 일기 예보를 제공했다. 1904년 대한제국 정부는 목포 등 다섯 곳에 최초로 기상 관측소를 설치하고, 근대적 의미의 기상 관측을 시작했다.

부터는 **라디오존데**라는 기구가 발명되어 대기층의 바람, 기온, 습도 상태를 측정하는 데 쓰이고 있다.

라디오존데는 기상 관측의 역사를 바꾸었다고 할 만한 기구로, 초당 5미터 정도 속도로 지상에서 하늘로 올라가는 둥근 공 모양의 기구에 실린 관측 도구이다. 이 장치는 대기 중에서 수집한 각종 기상 관련 데이터를 작은 무선 송신기를 통하여 자동으로 지상 관측소로 송신함으로써 기상 관측의 정확도를 높이는 데 커다란 기여를 했다.

한편, 제2차 세계 대전 중에는 레이더가 기상 관측에 이용되었으며, 1950년대부터는 최신 발명품인 컴퓨터가 기상 예보에 동원되기 시작했다.

그런데 이와 같은 장치들이 총동원되고, 또 기상 관측소가 아무리 촘촘하게 세워진다 하더라도, 어떤 순간의 대기 상태에 대한 완벽한 정보를 제공하기에는 턱없이 부족하다. 세계 지도를 보면 그 이유를 한눈에 알 수 있다. 지구 면적의 5분의 3은 바다이며, 그 위에는 어떠한 관측소도 설치할 수 없다. 게다가 기상 관측소들은 대부분 선진국에 집중적으로 설치되어 있기 때문에 다른 지역의 기상 데이터는 크게 부족한 실정이다. 이 커다란 공백을 메우려면 또 다른 형태의 관측소가 필요하다. 우리 머리 위에서 일어나는 기상 상황에 대해 아무것도 모른다면 어떻게 날씨를 정확하게 예보할 수 있겠는가?

사람들이 기상 관련 데이터를 얻는 또 하나의 방법으로 일정한 시간에 일정한 항로로 전 세계를 돌아다니는 배와 비행기를 주목한 것은 이 때문이다. 정기적으로 운항하는 배나 비행기에 기상 관측 장비를 설치한다면 관측소만으로는 충분하지 않은 기상 관련 데이터를 얻는 데 큰 도움이 되리라고 생각한 것이다.

이는 아주 그럴듯한 발상이었고, 그 결과로 얻은 기상 데이터 역시 아주 유용했다. 그러나 이 방법만으로는 불충분했다. 배나 비행기의 항로는 매우 제한되어 있어서 지구 전역을 포괄하기에는 턱없이 부족했다. 게다가 그것은 대개 북대서양과 북태평양을 가로지르는 몇몇 노선에 집중되어 있었다.

그래서 사람들은 일기 예보의 정확성을 높이기 위하여 반드시 필요하다고 판단한 지점에 정기적으로 배나 비행기를 보내서 직접 기상 데이터를 수집하기도 했다. 이 역시 전혀 쓸모없는 것은 아니었지만, 여전히 지구 전역의 기상 데이터를 확보하기에는 턱없이 부족했다.

요컨대 배나 비행기를 아무리 연결해 보아도 늘 관측에서 벗어난 지점이 생기기 마련이었다.

기상 위성은 무슨 일을 하는가?

1960년에 지구 전체의 날씨를 거의 실시간으로 추적해 보여 주는 획기적 장비가 출현했다. 인류 최초의 **기상 위성** 타이로스 1호가 미국에서 발사된 것이다. 타이로스 1호는 낮은 고도로 지구 궤도를 돌면서 구름의 분포와 바다 표면의 상태 등을 카메라로 촬영해 지구로 송신하는 데 성공했다. 이로써 우주로부터 지구를 내려다보는 위성 관측 시대가 열린 것이다.

이후 기상학자들은 위성을 이용하여 지구 전역의 날씨를 관측하는 매우 정밀한 시스템을 구축하려고 애써 왔다. 그 결과, 40여 년이 지난 오늘날 기상학자들은 우주에서 날씨를 관측하는 아주 복잡한 관측 시스템을 구축하는 데 성공했다. 이를 **기상 위성 관측망**이라 하는데, 미국을 비롯하여 일본, 러시아, 유럽 연합 등이 참여하고 있다. 기상 위성 관측망은 다음과 같

● ● ● ●

기상 위성 관측망 기상 위성이 어떤 식으로 발전해 왔으며, 전 세계가 어떻게 협력하여 기상 위성 관측망을 구축하여 왔는지를 자세히 알고 싶은 사람은 한국 기상청 홈페이지에 있는 기상 위성의 역사(http://www.kma.go.kr/kor/kmas/edu/edu_01_05_01_01.jsp)를 참고하라.

이 구성되어 있다.

무엇보다도 정지 궤도에 올라 있는 위성들이 기상 위성 관측망에서 가장 큰 역할을 한다. 이들을 **정지 기상 위성**이라고 하는데, 현재 미국의 고스(GOES) 11, 12호를 비롯하여 일본의 엠티새트 1호(MTSAT-1R), 유럽 연합의 메테오새트(METEOSAT) 5, 8호 등 5대가 있다.

군사, 통신, 기상 관측 등 각종 용도로 사용되는 정지 기상 위성들은 경도 1도 정도의 간격으로 적도 위에 차례대로 배치되어 있다. 정지 기상 위성들 중에서 동아시아와 서태평양을 담당하는 엠티새트 1호는 동경 140도에, 미국 서부와 동태평양을 담당하는 고스 11호는 서경 75도에, 미국 동부와 서대서양을 담당하는 고스 12호는 서경 135도에, 수명을 다한 러시아의 곰스(GOMS) 대신 인도양을 담당하는 메테오새트 5호는 동경 63도에, 유럽을 담당하는 메테오새트 8호는 경도 0도에 위치해 있다.

한편, 정지 기상 위성은 아니지만 이들과 별도로 남북극 지방을 통과하는 극궤도 기상 위성인 미국의 노아(NOAA) 18호, 러시아의 메테오르(METEOR) 등도 있다.

이들 위성은 지구 표면을 30분마다 한 번씩 정확하게 촬영한다. 게다가 촬영 지역이 서로 겹치지 않은 채로 차례대로 배

기상 위성은 기상 관측의 역사에서 일대 혁명을 불러왔다.
과거에는 도저히 상상할 수 없는 위치에서 지구를 내려다 봄으로써
지구 전체를 관찰할 수 있게 되었기 때문이다.

치되어 있기 때문에 이를 연결하면 남북극 지방을 제외한 지구 전역의 기상 상태를 거의 실시간으로, 연속해서 파악할 수 있다.

그러나 정지 기상 위성들은 지구에서부터 3만 6000킬로미터 상공에 떠 있다는 단점이 있다. 이 거리에서는 위성을 끌어당기는 지구의 힘(구심력)과 지구를 벗어나려는 위성의 힘(원심력)이 똑같아지기 때문에 지구에서 보면 위성이 늘 일정한 자리에 정지해 있는 것처럼 보인다. 이렇게 되면 늘 같은 지역을 관측할 수 있다는 장점은 있지만, 거리가 너무 먼 까닭에 관측의 정확성에 문제가 생긴다. 기술의 발전에 따라 최근에는 많이 극복되고 있지만 말이다.

어쨌든 정지 기상 위성들이 안고 있는 단점을 보완하기 위하여, 정지 기상 위성보다 낮은 궤도를 도는 위성들(저궤도 위성)이 필요하게 되었다. **저궤도 위성**은 지표면에서 300~1200킬로미터 사이의 궤도를 따라서 지구 주위를 돈다. 거리가 가까운 만큼 저궤도 기상 위성은 좀 더 정확하게 지구의 날씨를 관측할 수 있다.

그러나 고도가 낮아질수록 지구가 위성을 끌어당기는 힘이 커지기 때문에 저궤도 위성은 고도를 유지하기 위해 정지 궤도 위성보다 훨씬 빠른 속도로 지구 주위를 돌아야 한다. 이 위성들은 공전 주기가 훨씬 짧아서 보통 지표면의 정해진 지점을 하루에 두 번 정도밖에 지나지 않는다. 그사이에 얼마나 많은 기상학적 사건들이 일어나겠는가!

이런저런 약점이 없는 것은 아니지만, 날씨를 예측하는 데 위성이 쓰이기 시작한 것은 기상 관측의 역사에서 일대 혁명을 불러왔다. 과거에는 도저히 상상할 수 없는 위치에서 지구를 내려다봄으로써 지구 전체를 관찰할 수 있게 되었으니 말이다. 그렇다면 위성으로 어떻게 기상을 관측하는지를 알아보자.

기상 관측소에서 어떤 일을 하는지는 누구나 쉽게 상상할 수 있다. 거기서 기상학자들은 여러 가지 장비들을 동원하여 기상 관련 변수들을 곧바로 관측해 낸다. 온도계로 기온을 재고, 풍속계로 바람의 속도를 알아낸다. 장비들을 공기와 직접 접촉시켜 그 특성들을 파악하는 것이다. 작은 공 모양의 기구에 측정 장비를 실어 대기 중으로 올려 보내는 라디오존데 역시 비슷하다. 라디오존데는 대기층을 거의 수직으로 빠르게 통과하면서 1초에 한 번씩 기온, 바람, 습도 등을 측정하여 그 자료를 지상 관측소에 보내 준다. 그러다가 공기가 희박하여 기압이 매우 낮아지는 높이에 이르면 기구는 폭발하고, 장비들은 공중으로 사라지면서 임무를 완수한다. 라디오존데가 보내오는 관측 자료들은 대기 중에서 직접 측정한 것이기 때문에 대체로 정확한 편이다.

위성은 기상 관측소나 라디오존데와는 완전히 다른 방식으로 날씨를 관측한다. 일단 관측 장비가 저 멀리 우주 공간에 있어서 대기 상태를 직접 측정하는 것이 아니라 **원격 탐사**˚를 할 수밖에 없다.

그런데 날씨 분석에 유의미한 대기는 지상에서부터 거의 10~20킬로미터 높이까지 펼쳐져 있다. 그 이상 위로 올라가면 대기 밀도가 점점 낮아져 날씨에 큰 영향을 미치지 않는다. 고도 50킬로미터를 넘어서면 날씨와는 거의 관련이 없게 된다.

정지 궤도 위성이든, 저궤도 위성이든 간에 모든 위성은 날씨 정보를 알아내는 데 의미가 있는 대기권 바깥에 존재한다. 위성은 기온이나 습도 등을 직접 측정하지 못한다. 그 대신 위성은 대기에서 반사되는 복사 에너지를 측정한다.˚ 복사 에너지는 모든 대기에서 나타나며 구름양, 기온, 습도 등에 따라 복합적으로 결정된다. 위성은 이렇게 해서 얻은 복사 에너지 정보를 가지고 대기 중에 물과 열이 어떤 식으로 분포되어 있는

• • •

원격 탐사 대상에 직접 접촉하지 않은 상태에서 그 대상을 관측하여 필요한 정보를 얻어 내는 기술.

지를 재구성한다. 그러나 이러한 정보 재구성 과정은 결코 쉬운 일이 아니다. 이 과정은 정보를 분석하고 해석하는 데에서 마주치는 수많은 난관을 넘어서는 과정인 동시에 연속되는 의문에 휩싸이는 과정이기도 하다.

위성에서 복사 에너지를 측정하는 장비(탐측기 또는 센서)는 크게 수동적 탐측기와 능동적 탐측기로 나눌 수 있다. 수동적 탐측기는 위성 끝 부분에 달려서 지표 또는 대기 등에서 반사되는 복사 에너지를 수집하는 장비이다. 현재 대부분의 위성에는 수동적 탐측기만이 달려 있다. 그러나 최근 몇몇 위성에는 능동적 탐측기를 장착하기 시작했다. 능동적 탐측기란 장비 스스로 대기에 마이크로파˚를 발사하여 거기서 반사되는 복사 에너지를 수집하는 장비이다. 우주에서 비구름을 관측하는 데

● ● ●

복사 에너지의 측정 복사란 모든 물체가 저마다 갖고 있는 고유한 열 에너지를 방출하는 현상을 말한다. 따라서 어떤 물체에서 복사되는 열(복사 에너지)을 정확하게 측정하면 그 물체가 무엇인지, 어떤 상태에 있는지를 알아낼 수 있다.

마이크로파 파장이 1밀리미터에서 1미터, 진동수가 10억 헤르츠에서 300억 헤르츠까지인 전자기파를 말한다. 파장이 짧아서 빛과 마찬가지로 직진, 반사, 굴절, 간섭 따위의 성질을 띠며, 물 등에 흡수되어 열로 변하기도 한다. 레이더, 텔레비전, 전자레인지 등에 이용된다.

쓰는 레이더가 대표적인 능동적 탐측기에 해당한다.

여기서 한 가지 주의해야 할 것이 있다. 능동적 탐측기든 수동적 탐측기든 현재 어떤 위성에 실려 있는 탐측기도 날씨에 가장 큰 영향을 미치는 요소 중 하나인 바람을 측정할 수 없다. 물론 원격으로 바람을 측정할 수 있는 장비가 아예 없는 것은 아니다. 레이더와 비슷하지만 마이크로파 대신 레이저˚를 발사하여 대기 상태를 파악하는 '라이더(lidar)'라는 장비가 있기는 하다. 그러나 라이더를 위성 끝 부분에 싣는 것은 기술적으로 너무나 어려운 데다 비용도 많이 들기 때문에 아직은 널리 확산되어 있지 않다.

• • •

레이저 유도 방출에 의해 증폭된 빛을 말한다. 빛을 좁고 긴 관 따위에 수만 번 왕복시켜서 좁은 구멍을 통하여 방출시키는 것으로, 보통 빛과는 달리 한 가지 색만을 갖고 있으며, 멀리까지 똑바로 나아가고, 수많은 파동이 일정하게 겹쳐 있어서 아주 밝다.

2

기상 예보는
어떻게 만들어지는가?

왜 수치 모델이 필요할까?

지상의 모든 관측소와 하늘에 있는 모든 기상 위성에서 수집한 자료들을 완벽하게 분석해 내는 관측 시스템이라 할지라도 현재의 기상 상태만을 알려 줄 뿐 미래의 날씨에 대해서는 한마디도 하지 못한다. 그래서 내일의 날씨를 알기 위해서는 과거와 현재의 날씨를 근거로 하여 미래를 예측하게 할 수 있도록 해 주는 어떤 모델이 필요하다.

사실 관측 시스템은 어떤 특정 시점의 기상 상황조차도 완벽하게 말해 주지 않는다. 앞에서 보았듯이, 관측소들은 고르게 분포되어 있지 않기 때문에 지구상 곳곳에는 아무 기상 데이터도 없는 커다란 공백 지대가 존재하며, 정지 궤도 기상 위성만으로는 극지에 가까운 지역은 기상 상태를 정확하게 파악할 수 없다. 게다가 위성 하나가 지구 전체를 보려면 반나절은 돌아야 한다.

더 큰 문제는 기상 위성의 관측과 기상 관측소의 관측이 완전히 다른 형태이며, 때때로 둘의 해석도 서로 다르다는 점이다. 따라서 어떤 순간의 대기 상태에 대한 '진정한' 지식에 도달하려면 두 가지 관측 자료들을 하나로 통합하여 지구의 기상 상태를 정확하게 파악하려고 애써야 한다. 이는 두 자료들을 서로 연관하여 파악할 수 있는 수치 모델을 만드는 일이기도 하다.

수치 모델이란 무엇인가?

대기의 기온은 모든 곳에서 똑같지 않고 군데군데 차이가 난다. 대기가 고정된 상태로 가만히 있지 않고 어떤 흐름을 보이는 것은 바로 이 때문이다. 대기에 기온 차가 생기는 원인은 아주 다양하다. 대기 분자의 태양 에너지 흡수 정도에 따라서도 생기고, 지표면의 적외선 에너지 흡수 정도에 따라서도 생기며, 구름이 되는 수증기의 응결과 증발 정도 등에 따라서도 생긴다.

200~250년 전에 이미 유체 역학°의 기본 법칙이 발견되었으며, 또한 기온 차를 지배하는 물리학의 법칙도 발견되었다. '열전달 법칙'°과 '물의 상태 변화 법칙'°이 그것이다. 이 두 법칙을 이용하면 날씨 변화를 지배하는 방정식을 만들 수 있다. 어떤 초기 상태의 변화 값을 측정한 후, 그 변화의 정도를 방정식화하여 미래의 상태를 추리할 수 있는 것이다. 그러나

● ● ●

유체 역학 물리학의 한 분야로 기체, 액체 따위의 유체의 운동을 연구하는 학문이다. 이에 대해 자세히 알고 싶은 사람은 이 시리즈에 속한 『비행기는 어떻게 날까?』를 참조하라.

열전달 법칙 열전달은 열 에너지가 옮겨 가는 현상을 말한다. 열전달에는 전도, 대류, 복사 등 세 가지 형식이 있다. 전도는 움직이지 않고 서로 붙어 있는 두 물체 사이에서 일어나는데, 온도가 높은 물체에서 온도가 낮은 물체로 열이 옮겨 가는 현상을 말한다. 대류는 액체나 기체 따위의 유체에서 일어나는데, 뜨거운 물체가 차가운 물체 쪽으로 이동하는 현상을 말한다. 복사는 진공 상태와 같이 열전달 매체가 없는 상태에서 전자파 등의 형태로 열 에너지가 차가운 곳으로 옮겨 가는 현상을 말한다. 이 법칙에 대한 본격적인 연구는 프랑스의 수학자 장 바티스트 푸리에와 물리학자 장 바티스트 비오에 의하여 이루어졌으며, 이후 키르히호프, 슈테판, 볼츠만, 플랑크 등이 그 뒤를 이었다.

물의 상태 변화 법칙 물은 얼음, 물, 수증기, 즉 고체, 액체, 기체의 세 가지 상태로 존재한다. 물은 한 상태에서 다른 상태로 바뀔 때마다 열을 받아들이거나 내보내는데, 이를 방정식화한 법칙이 '물의 상태 변화 법칙'이다. 이 법칙에 따르면 물 1그램이 증발하여 수증기가 되려면 약 600칼로리의 기화열이 필요하다. 그 역도 마찬가지이다.

안타깝게도 이 방정식은 지나치게 복잡해서 정확한 해를 구하기가 불가능하다. 심지어 슈퍼컴퓨터를 이용하더라도 대략적인 해에 만족할 수밖에 없다.

컴퓨터가 처리할 수 있는 방정식을 만들려면 수집한 날씨 정보를 극도로 단순화해야 한다.

우선, 공간적으로 항상 연속되어 있으며 시간적으로 늘 이어져 있는 대기를 인위적으로 가로세로로 잘라 격자 모양으로 만든 후 격자점마다 바람, 기온, 풍속, 압력, 평균 습도를 대입한다. 이러한 작업을 끝없이 반복해 가면 마침내 지구 전체를 유한한 수의 격자점으로 채울 수 있으며, 이 격자점의 총집합은 실제 대기와 비슷하지만 그보다는 훨씬 단순한 모습으로 지구 대기의 움직임을 살펴볼 수 있는 대상이 된다. 그다음으로는 유한한 수의 격자점으로 이루어진 집합에 다시 연속 방정식과 비슷한 형태의 방정식을 부여한다. 물론 이 방정식에서 하

• • • •

연속 방정식 질량 보존의 법칙을 유체에 적용한 것으로, 어떤 임의의 계에서 나오는 유체의 양과 그 계 내부에서 줄어드는 유체의 양이 같음을 나타내는 방정식. 이 방정식에 따르면 유체는 항상 연속되어 있기 때문에 어떤 곳에서 없어진 유체는 반드시 다른 곳에서 나타난다. 가령, 바다에서 증발한 수증기는 대기 중에 같은 양이 존재하는 것이다.

나의 격자점은 실제 대기에서처럼 인접해 있는 모든 격자점과 상호 작용하는 것이 아니라, 가장 가까이에 있는 격자점들과만 상호 작용하도록 되어 있다.

기상 예보에 이용되는 슈퍼컴퓨터는 지금까지 말한 모든 방정식(열전달 법칙, 물의 상태 변화 법칙, 연속 방정식)뿐만 아니라 운동 방정식˚과 상태 방정식˚ 등까지 고려하여 날씨를 예측한다. 실제 기상 자료를 대입하여 만든 한 격자점의 초기 날씨 상태가 가장 가까이에 있는 격자점들과 상호 작용을 한 후에 어떻게 바뀔 것인가를 계산해 내는 것이다. 이를 이용하면

● ● ●

운동 방정식 물체의 운동을 방정식으로 나타낸 것이다. 일반적으로 뉴턴의 운동 방정식을 말한다. 뉴턴에 따르면, 운동은 힘 때문에 발생하며, 그 관계는 운동 방정식에 따라 결정된다. 운동 방정식은 어떤 물체의 가속도는 그 물체에 가해지는 힘의 크기에 비례한다고 간략히 정리할 수 있다. 한편, 뉴턴의 운동 방정식은 중력이 아주 크거나 작은 세계에는 적용되지 않기 때문에 그 세계의 운동을 이해하려면 상대성 이론이나 양자 역학 등의 또 다른 방정식이 필요하다.

상태 방정식 기체의 압력 및 부피, 온도 사이에서 나타나는 관계를 식으로 표현한 것으로 이상적인 기체는 보일-샤를의 법칙을 따른다. 보일의 법칙은 기체의 온도가 일정할 때 모든 기체의 부피는 압력에 반비례한다는 법칙이며, 샤를의 법칙은 기체의 압력이 일정할 때 기체의 부피는 온도가 섭씨 1도 증가함에 따라 1/273.15씩 증가한다는 법칙이다. 보일-샤를의 법칙은 보일의 법칙과 샤를의 법칙을 합친 것으로, 기체의 부피는 압력에 반비례하고 절대 온도에 정비례한다는 법칙을 말한다.

15분 후에 한 격자점의 기온, 바람, 압력, 습도 등이 어떻게 바뀌어 있을지를 예측할 수 있다. 이 과정을 반복하면서 점차 확대해 나가면 컴퓨터는 결국 대기 전체의 상태 변화를 지속적으로 계산하여 하루, 이틀, 열흘 또는 그 이상의 기간에 대하여 기상학적으로 예측할 수 있는 것이다.

그러나 한 가지 염두에 둘 것이 있다. 실제로는 연속되어 있는 대기의 상태가 유한한 수의 격자점으로 옮겨지면서 어쩔 수 없이 시스템의 손상과 정보의 상실이 일어난다는 것이다. 가령, 격자 내부에서는 기온이나 습도, 또는 바람이 전혀 변하지 않게 되어 있는 것을 그 예로 들 수 있다. 또 수치 모델에서는 연속되어 있는 수많은 점들 사이의 상호 작용을 가장 가까이에 있는 격자점들만의 상호 작용으로 대치했기 때문에 연속 방정식이 이산 근사치*로 바뀌면서 역학과 물리학의 법칙도 파괴된다. 이 파괴는 수치 모델을 만들려면 어쩔 수 없는 것이지만, 바로 그 이유 때문에 예보는 어느 정도의 불확실성을 피할 수가 없다. 따라서 완벽한 예보란 불가능하다. 날씨를 완벽하게

● ● ●

이산 근사치 연속적 성질을 갖는 대상을 일정하게 흩어져 있는 점들의 집합으로 가정하여 구한 연속 방정식의 해.

예보하기 위해 대기 전체를 아무리 세밀하게 나누어도 그 망을 뚫고 빠져나가는 것들이 있기 때문이다.

날씨를 예측하려면 격자점이 얼마나 필요할까?

오늘날 지구 전체를 나타내는 수치 모델은 대략 10만 개 정도의 격자점(또는 격자)들로 이루어지며, 오직 수평면만을 표현하고 있다. 이 모델에 따르면, 프랑스 전역을 포함하는 데 100개 정도의 점만으로 충분하다. 이 격자점(또는 격자)의 수를 수직으로 겹겹이 쌓여 있는 수평면의 숫자와 곱하면 전체 격자점(또는 격자)의 수를 구할 수 있다. 예를 들어 약 50개의 격자점이 삼차원에서는 500만 개가 되며, 이 수치는 더 강력한 계산기가 나올 때마다 기하급수적으로 늘어난다.

지구 전체를 이렇게 세밀하게 나누어 표현하는 덕분에 수치 모델에서는 엄청나게 많은 격자점들이 구릉이나 들판 등과 같은 지형들의 상태, 식생의 변화, 바다 수온의 변화 등을 표현하게 된다. 최근에 나온 수치 모델들은 강수량이나 증발량과 관련된 습기의 움직임을 효과적으로 표현하기 위해 땅 속에도 여러 층을 설정하고 있다. 또한 대기 상태뿐만 아니라 거기에 해

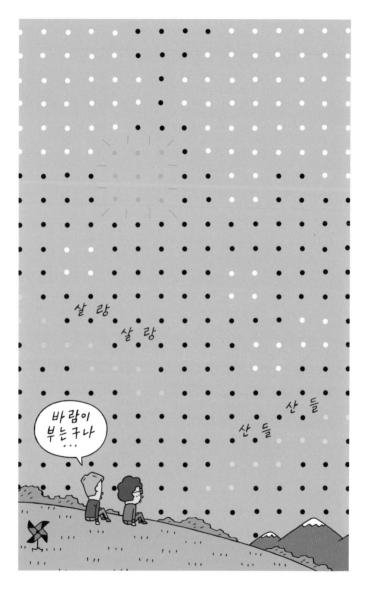

격자점만으로는 지구의 기상 상태를 완벽하게 표현할 수 없다.
격자점과 격자점 사이의 공간에서 일어나는 수많은 변이들 때문이다.

양 상태까지도 포함해서 다루는 경우도 있다. 며칠 후 날씨를 더 정확히 예측하려면 거기에 큰 영향을 미치는 두 환경 사이의 강력한 상호 작용을 고려해야만 하기 때문이다. 대기는 바다의 물을 가져가고, 바다에서 온 물은 대기의 온도와 습도에 영향을 미치니까 말이다.

10만 개의 격자점으로 지구 전체를 나타내는 경우, 서로 이웃한 두 격자점 사이의 간격은 대략 70킬로미터 정도이다. 생각에 따라 그 간격을 좁다고 여길 수도 있고, 넓다고 여길 수도 있다. 그러나 한 가지 사실만은 분명하다. 이 격자점들만으로는 지구 전체의 기상 상태를 완벽하게 표현할 수 없다는 것이다. 가령, 머릿속에 격자점들을 그린 채로 하늘을 한번 쳐다보라. 금세 그 사실을 깨닫게 될 것이다. 어찌 그물로 하늘을 완전히 가릴 수 있겠는가! 그물코와 그물코 사이, 즉 격자점과 격자점 사이의 공간 안에서 일어나는 수많은 변이들을 수치 모델이 어찌 다 포착할 수 있겠는가!

차를 타고 가면서 1킬로미터 전에는 비가 왔지만, 지금 여기는 비가 오지 않는 경험을 한 적이 있었을 것이다. 기복이 심한 지형에서는 바람의 변덕도 매우 심하다. 구름은 보고 있는 동안에도 이리저리 흘러 다니면서 수시로 모습을 바꾼다. 이를 무엇이라 불러야 할지 알 수 없는 까닭에 여기서는 일단 '카오스'라는 말을 쓰기로 하자. 기상학에서는 카오스가 상당한 역할을 한다. 뜻하지 않은 장애들이 계속 발생하는 것이다. 19세기에 프랑스의 천문학자 프랑수아 아라고˙는 카오스의 개념을 정확히 이해하고, 어떤 진지한 과학도 날씨를 정확히 예측하지 못한다고 말했다.

언젠가는 슈퍼 슈퍼컴퓨터가 나와서 습도, 온도, 눈, 비, 바람 등 온갖 기상학적 현상들의 본질을 아주 세세한 부분까지 고려해 가면서 동시에 이웃한 격자점들 사이의 간격을 100미터까지 줄일 수도 있을지 모른다. 그렇게 되면 날씨를 완벽하게 예측할 수 있을까? 그렇지 않다. 지금보다는 더 정확하게 날씨를 예측할 수 있겠지만 여전히 완벽하지는 않을 것이다.

사실, 격자점들 사이의 간격은 기상학적으로 커다란 의미가 없다. 구름과 같이 카오스 구조를 가진 물질들은 모양이 자주 급격하게 바뀌는 데다 단순화하기도 어려워서 10킬로미터로

● ● ●

프랑수아 아라고(François Arago, 1785~1853) 프랑스의 물리학자. 빛의 파동설을 실증하였으며, 지구 자오선의 길이를 측정하고, '아라고의 원판' 실험 따위를 행했다. '아라고의 원판'이란 1824년에 아라고가 발견한 것으로, 막대자석의 한 가운데를 실로 묶어 수평으로 두고 그 아래에 구리 원판을 수평으로 두고 원판을 돌리면 막대자석도 같은 방향으로 회전하는 현상을 말한다.

나누든, 1킬로미터, 100미터, 10미터 간격으로 나누든 간에 완벽하게 분석하기란 전혀 불가능하다. 해안선이나 산맥의 모습을 묘사하려고 할 때처럼 **프랙털 이론**˚으로 풀려고 해도 한계가 있다. 구름을 완벽하게 표현하려고 격자점 간의 간격을 한없이 좁히려다가는 결국 구름을 이루는 물방울 하나하나와 그 물방울들을 둘러싼 공기의 물리학까지 연구해야 할 것이다. 그러나 어떤 기상학자가 과연 구름 물방울 하나까지 다룰 수 있겠는가? 불가능한 일이다.

기상학의 역사가 우리에게 내려 준 교훈은 수치 모델에서 격자점 사이의 이상적인 간격이란 존재하지 않는다는 것이다. 물론 격자점들이 많아서 해상도가 높아질수록, 이론상 수치 모델은 실제에 더 가까워진다. 그러나 아무리 잘게 간격을 나누어도 늘 생각지도 못했던 복잡한 문제가 일어날 수 있다. 관측 기술이 미시적인 영역에서 일어나는 일들을 완벽하게 구별할

· · · ·

프랙털 이론 1970년대에 미국의 수학자 브누아 만델브로가 언뜻 보면 무질서한 것처럼 보이는 자연 현상 속에 숨어 있는 기하학적 규칙을 이론화한 것. 무질서해 보이는 자연 현상도 그 한 부분에서 이루어지는 규칙이 무한히 반복되어 이루어진 것으로 보는 것이다. 산맥이나 해안의 모습, 구름의 형태 등을 수학적으로 설명하고자 할 때 쓴다.

만큼 발전하지 못한다면 수치 모델의 격자점 간격을 한없이 줄이지 못할 것이다. 현재의 수치 예보 수준은 여기서 제기된 문제들을 어느 정도 극복한 상태이다. 그러나 아무리 수치 모델이 좋아지고 분석 수준이 높아지더라도 날씨를 둘러싼 현상의 무한함이 여전히 분석을 피해 가면서 예측을 혼란에 빠뜨릴 것이다.

초기 상태는 어떻게 설정할까?

이미 말했듯이, 날씨를 예측하려면 두 가지가 필요하다.

첫째, 대기 상태의 변화 양상을 계산해 주는 수치 모델.
둘째, 수치 모델의 출발점이 되는 초기 상태.

수치 모델이 잘 설계되었다 할지라도 성공적으로 날씨를 예측하기 위해서는 계산의 출발점을 이루는 초기 상태를 아주 정교하게 설정해야 한다. 그러려면 초기 상태가 정확한 관측 자료를 근거로 함과 동시에 그 관측이 수치 모델의 틀 안에서 실현되어야 한다.

현실은 이와 완전히 다르다. 수치 모델이 예측을 시작하는 순간에 모든 기상 관측소가 동시에 관측을 실시하는 것은 사실이다. 그러나, 앞에서 이미 보았듯이, 기상 관측소들은 지구 전체에 골고루 있는 것이 아니다. 해양 지역에는 거의 없고, 아프리카를 비롯한 저개발국들에도 거의 없는 실정이다. 프랑스의 경우, 위성 관측에서 가장 큰 비중을 차지하는 저궤도 위성은 궤도를 따라 연속으로 관측을 한다. 이 위성은 지구를 한 바퀴 도는 데 100분 정도 걸리며, 파리 시간으로 아침 6시에 프랑스 관측 자료를 제공한다. 그렇지만 저궤도 위성에는 결정적인 약점이 있다. 돌 때마다 같은 자리를 지나가지 않기 때문에 어떤 때에는 독일 상공 위를 날아갈 수도 있는 것이다.

이처럼 시간과 공간에 따라 흩어진 정보로부터 어떻게 지구 전체에 대해 '공시적인', 즉 완벽하면서도 동시적인 초기 상태를 구할 수 있겠는가? 앞에서 이미 밝혔듯이, 수치 모델이 바로 그 역할을, 그러니까 관측에 공시성을 부여하는 역할을 하는 것이다.

초기 상태를 정하기 위해서 이용하는 자료는 보통 두 가지이다.

첫째, 이전 24시간 동안의 대기 변화에 대한 근삿값을 제공하는 전날의 기상 예측 자료.

둘째, 이전 24시간 동안에 지구 곳곳의 다양한 장소와 시간에 수집된 모든 관측 자료.

현재로서는 이렇게 하는 것이 최선이다. 매일 이전 24시간의 예측 자료를 재검토하고, 모든 관측 자료들을 분석한 다음 이를 조금씩 가공하여 그날의 초기 상태를 정하는 것이다. 즉 수치 모델이 미리 계산해 둔 값을 각각의 관측 장소와 시간에 실제로 측정한 값으로 대체하는 것이다.

하루하루의 초기 상태는 단지 관측만으로 결정되지 않는다. 불완전할 수밖에 없는 이전 예측 자료들과 최신 실측 자료들을 결합하여 결정된다. 수치 모델로 데이터를 비교함으로써 얻는 것은 사실 그 자체가 아니라 사실과 비슷한 것이다. 따라서 대기의 현재 상태에 대한 정의(초기 상태)는 이전 예보의 오류 때문에 항상 흠집이 남을 수밖에 없다.

지금까지 말한 것을 요약해 보자.

일기 예보를 할 때 기상학자들은 보통 대기의 변화 상태를 나타내기 위하여 수치 모델을 사용한다. 그러나 대기는 워낙 복잡한 요소들로 이루어져 있는 까닭에 완벽하게 분석하는 것은 불가능하다. 가령, 격자 내부에서 일어나는 온갖 현상은 격자점들과 완벽하게 겹치지 않기 때문에 측정 대상에서 계속 빠져나간다. 이 때문에 수치 모델은 물리학의 법칙을 근사치로밖에 계산할 수 없다. 게다가 수치 모델의 출발점이 되는 초기 상태는 설정 자체에서 온갖 결점들을 안고 있으며 이를 완벽하게 해결하는 것은 불가능하다. 그렇다면 이러한 불완전성이 미래의 날씨를 예측하는 데 치명적인 오류들을 가져오는 것은 아닐까 하고 궁금할 수밖에 없다. 데이터가 전혀 없는 광활한 우주가 끼치는 영향, 바람이나 구름 등의 측정에서 필연적으로 나타나는 작지 않은 결점들, 본래부터 부정확한 관측들, 새로운 관측 데이터가 미처 제거하지 못한 예보들의 오류 등을 감수하는 것은 불가피했다. 하지만 처음에는 그렇더라도 예보 과정에서 그 오류가 점차 쌓여서 실제 날씨와는 전혀 관계없는 이상한 모습을 띠게 되는 것은 아닐까?

이제 여러분은 일기 예보와 관련하여 또 하나의 핵심적인 사실에 직면하게 되었다. 수치 모델에서 오류는 점차 증가할 수밖에 없고 심지어 처음 며칠 동안에도 기하급수적으로 증가한다. 다시 말해 시간에 따라 오류의 양이 어떤 수의 제곱으로 증가한다. 만약에 그 수가 2라고 하면, 다음 날 오류 수치는 2를 제곱한 4가 된다. 3일 후에는 8이 되고, 5일 후에는 32가 된다. 엄청나게 빠른 증가 속도가 아닌가.

도대체 며칠 앞을 의미 있게 예측할 수 있을까?

잠시 지금까지 논의했던 것을 모두 접고 수치 모델에 의존하지 않은 채 날씨를 이야기해 보자.

기상청이 축적한 자료 덕분에 우리는 상대적으로 꽤 정확하게 과거의 날씨를 알 수 있다. 그중 최근 50년 동안의 자료들을 읽고 문서에 기록된 온갖 날씨들을 매일 비교해 보자. 1년 전체를 비교하는 것은 꽤 어려운 일이 될 것이므로 서로 비교하기 좋게 겨울철로만 그 기간을 한정해도 좋다. 50년이면 약 4500일에 해당하므로 이것만으로도 그리 간단하지는 않을 것이다. 어쨌든 50년 동안 하루하루 나타난 기온, 바람, 습도 등을 분류해 보자.

1961년 미국의 기상학자인 에드워드 로렌츠[●]는 이러한 작업을 통하여 대기 상태가 나타나는 양상이 똑같은 날들을 찾아

● ● ●

에드워드 로렌츠(Edward Lorentz, 1917~) 미국의 기상학자. MIT 교수. 1961년에 날씨 모델을 연구하다가 초기의 사소한 변수가 나중에는 엄청난 차이를 빚는다는 것을 발견하고, 나중에 이런 현상에 '나비 효과'라는 이름을 붙였다. 카오스 이론과 복잡계 과학의 선구자이다.

서 비교해 보고자 했다. 물론 대기 상태가 완전히 똑같은 것은 불가능하기 때문에 가능한 한 비슷한 양상을 보이는 기상 상태 한 쌍을 찾을 수밖에 없었다. 가령, 1966년 1월 15일의 기상 상태가 2000년 12월 21일의 기상 상태와 매우 비슷한 양상을 보였다면, 이 두 날을 **닮은꼴**이라고 부른다.

로렌츠는 닮은꼴이 이후에 각각 어떻게 변해 갔는지를 추적하기 시작했다. 이는 통계학적으로 무척 흥미로운 일이다. 시간이 지남에 따라 닮은꼴은 점차 아주 다른 양상을 띠기 때문이다. 로렌츠는 심지어 아주 닮은꼴이었던 기상 상태가 하룻밤만 지나도 매우 급속히 달라지는 것을 발견했다. 통계적으로 볼 때 그 차이는 기하급수적인 증가 추세를 보이는데, 대략 2.5일마다 2배 정도 차이가 난다. 그 결과 처음에는 매우 비슷했던 닮은꼴 기상 상태가 10일에서 15일 후에는 완전히 다른 모습으로 변하는 것을 발견한 것이다. 20세기 후반 과학계를 풍미한 카오스 이론˙이 탄생하는 순간이었다.

카오스의 발견은 일기 예보 연구에서는 매우 달갑지 않은 소식이 아닐 수 없었다. 이 발견은 닮은꼴을 이용하여 미래의 날씨를 예측하는 모델을 만들어 보려는 시도를 근본부터 흔들어 놓았다. 가령, 어떤 초기 상태를 설정한 후 과거에서 가장 비슷한 기상 상태를 찾고, 과거의 변화 양상이 미래의 날씨를 예측하는 데 커다란 도움을 줄 수 있을 것이라는 희망을 완전히 꺾어 버렸다.

사실, 닮은꼴을 이용한 방식은 수치 모델 없는 기상 예보 모델, 또는 대기라는 완벽한 모델을 사용한 기상 예보 모델의 시도라고 할 수 있다. 아무리 완벽한 모델도 대기보다 더 완벽할 수는 없다는 점에서 이는 대단히 매혹적으로 보인다. 그러나 로렌츠의 발견에 따르면, 이러한 조건에서도 오류의 급속한 증가는 전혀 줄어들지 않는다. 2.5일마다 2배 정도 차이가 난다는 것은 설사 완벽한 모델을 설계했더라도, 2.5일마다 기온은 약 1도씩, 풍속은 초당 약 1미터씩 오류가 생기면서, 8일 후에는 대략 기온은 10도, 풍속은 초당 10미터나 오류가 발생한다는 것을 뜻한다. 이를 계속 놓아두면 10일에서 15일 후에는 일기 예보는 거의 우연과 똑같을 정도로 현실과 다르게 되므로 의미를 완전히 상실한다.

로렌츠의 연구는 수많은 연구들 중 하나일 뿐이다. 일기 예

● ● ●

카오스 이론 복잡하고 혼돈스러워 보이는 자연 현상의 배후에 있는 보이지 않는 질서를 탐구하는 이론. 언뜻 보면 무질서한 것처럼 보이는 현상도 적절한 끌개를 발견하면 규칙성을 부여할 수 있다는 믿음에서 출발한다. 현대 수학, 물리학, 기상학 등에 엄청난 영향을 주었다.

보에 대한 연구는, 실험적인 것이나 이론적인 것이나 관계없이, 모두 다음과 같은 확실한 사실로 귀결된다. 예보에는 10일에서 15일 정도의 절대 한계가 존재하며, 그 기간을 넘어서면 대기 현상은 초기 상태에 근거해서는 더 이상 예측할 수 없다는 것이다.

날씨의 예측에는 왜 한계가 있을까?

오류의 급격한 증가(기하급수적인, 또는 그보다 더 빠른 증가)는 수학적으로 **비선형이라고 불리는 모든 시스템**에서 나타나는 공통된 특징이다.

유체의 운동은 가장 단순한 것조차도 비선형 시스템에 속한다. 어떤 유체에 필연적으로 나타나는 부분적인 교란이 환경 변화를 초래하고, 이 변화가 다시 교란을 일으켜서 점차 교란이 증가한다. 처음에는 극히 작고 부분적인 교란조차도 이런

● ● ● ●

비선형 시스템 주어진 초기 상태의 작은 변화에 따라 결과가 무척 달라지기 때문에 예측 가능성에 절대적인 한계가 있는 시스템.

과정이 반복됨에 따라 강도와 규모가 점점 커져서 결국에는 유체의 본질에도 영향을 준다. 대기 역시 유체이므로 이 법칙에서 예외일 수 없다. 부분에서 나타나는 아주 작은 교란조차도 결국 지구 전체에 영향을 미치는 것이다.

그러나 오류의 증가와 예측의 절대적 한계 사이에는 커다란 차이가 놓여 있다. 가령, 오류가 증가하더라도 초기 상태와 기상 모델을 잘 설정하면 예측의 절대적 한계가 나타나는 미래의 어떤 시점까지는 예보가 가능하다고 상상해 볼 수 있는 것이다. 이 사실은 무척이나 중요하다. 아직까지 수학은 초기 상태를 적용한 유체 역학 방정식의 해가 하나만 있음을 증명하지 못했다. 만약에 실제로 해가 하나가 아니라면, 일기 예보에는 피할 수 없는 어떤 한계가 있다고 볼 수밖에 없다. 본래부터 날씨에는 반드시 고려해야 하는 우연성이 있는 것이다!

게다가 대기는 유체 중에서도 가장 예측할 수 없는 것들에 속한다. 가령, 기온이나 습도가 어떤 한계점에 이르면 응결과 증발 현상이 급격하게 일어난다. 이러한 급격한 변화는 대기에 대한 유체 역학 방정식이 하나의 해를 갖지 못하도록 방해하는 또 다른 장애물이다.

그러므로 대기는 거의 결정론적*이지만, 완전히 그런 것만은 아니다.

날씨의 예측 가능성이 갖는 한계를 대단히 멋지게 설명해 주는 상징으로 '나비 효과'라는 말이 있다. 브라질에 사는 나비의 날갯짓 한 번이 약 2주일 후에 미국 텍사스 주에 토네이도를 일으킨다는 것이다. 대기에 영향을 주는 아주 사소한 변화가 지구 전체 날씨를 변화시킨다. 이 말은 결코 증명할 수 없지만 일기 예보의 한계를 설명하는 데 아주 유익한 은유이다. 기상 현상에는 모든 예측을 약화시키는 우연한 기상 현상이 반드시 존재하는 것이다.

닮은꼴 역시 예측 가능성에 한계가 있음을 알려 준다. 그 한계를 넘어서면 더 이상 수치 모델도, 닮은꼴도 의미가 없어진다. 그렇다면 이 한계 범위 내에서는 일기 예보를 위해 수치 모델 대신 닮은꼴 기상 상태를 이용할 수 있을까?

현재로서는 그렇지 않다. 현실적으로 이용할 수 있는 자료에서는 진짜 닮은꼴, 서로 너무 비슷해서 짝을 이룰 만한 기상 상태는 찾아보기 힘들기 때문이다. 과거의 자료가 수없이 축적되어 있더라도 오늘처럼 특별한 기상 상황을 찾는다면, 관측

· · · ·

결정론적 뉴턴 역학의 세계와 같이 최초의 값이 주어지면 어떤 법칙에 따라 그 결과도 얻을 수 있다고 생각하는 것.

자료를 보완해 줄 만큼 충분히 비슷한 닮은꼴을 찾는 것은 거의 불가능하다. 이는 수없는 관측 결과들 사이의 차이를 따져서 오늘과 비슷했던 과거의 어느 날을 찾는 것보다는 관측의 불확실성을 받아들이는 편이 차라리 나음을 말해 준다. 기상 모델이 아무리 완벽해지더라도 초기 상태는 항상 실제와 차이가 날 수밖에 없는 것이다!

지금으로부터 수천 년이 흘러서 지구 전체 날씨의 극도로 미세한 차이와 모든 날씨 유형에 대한 자료가 충분히 쌓이면 혹시 날씨를 완벽하게 예보할 수 있을지도 모른다. 언젠가는 그런 날이 오리라 기대하면서…….

3

일기 예보를
어떻게 개선할까?

일기 예보는 어디까지 와 있는가?

날씨 예측의 절대 한계를 2주로 보는 것은 이상적인 이야기에 지나지 않는다. 초기 상태에 내포되어 있는 오류와 수치 모델의 불완전함 때문에 현실적으로는 그 정도 기간을 의미 있게 예측하는 것은 불가능하다. 현재 우리가 이용하고 있는 최고의 일기 예보 시스템이라 할지라도 대개 1주일 정도만 쓸모 있는 예보를 제공할 뿐이다. 하루나 이틀 후의 날씨에 대한 예보는 상당히 괜찮은 편이다. 그러나 사흘만 넘으면 예보의 정확성이 조금씩 떨어진다.

임의로 선택한 계절에서 어떤 시스템이 예보한 날씨와 실제 날씨의 차이가 그 평균치의 50퍼센트를 넘는 값을 보이면 예보로서 전혀 가치가 없다고 봐야 한다.

최근 수십 년 사이에 일기 예보는 엄청나게 발전했다. 불과 30~40년 전만 해도 기상 모델은 밤낮을 구분하지 못했다. 따라서 기상청에서는 자정이나 정오에 앞으로 12시간 동안 현재와 같은 날씨라고 예보할 수밖에 없었다. 오늘날의 일기 예보는 사정이 많이 다르다. 거의 시간마다 새로 일기 예보가 이루어지며, 그중에는 직전 예보 시간과 다른 날씨를 예보하는 경우도 상당히 많다.

일기 예보의 발전은 관측 시스템(특히 기상 위성)의 혁신, 수치 모델의 발달, 그리고 수치 모델에서 자료 비교 방법의 개선이 한데 모여 이루어진 것이다. 그러나 최근 들어서는 이 세 가지 부문을 이루는 복잡한 기술들을 개발하는 데 많은 비용과 시간이 들기 때문에, 시스템을 개선하여 날씨 예측 가능성의 한계를 극복하려는 시도가 그다지 쉬운 일만은 아니게 되었다. 그렇다면 어떻게 예보를 개선할 수 있을까?

통계적 예보를 어떻게 실현할까?

일기 예보를 개선한다는 것은 기상 현상을 측정하고 계산하며 평가하는 오류를 줄이는 것을 말한다.

앞에서 살펴보았듯이, 오류를 절대적으로 없애는 것은 불가능하다. 대기에서는 반드시 우연한 기상 현상들이 일어나며, 그로 인해 예보에는 늘 어떤 한계가 있을 수밖에 없기 때문이다.

일기 예보에서 오류 가능성을 줄이려면 예보 자체에서 나비의 날갯짓과 같은 우연성의 원인들을 고려해야만 한다. 이를 날씨에 우연을 불러일으키는 온갖 현상들을 일일이 추적하여 그것을 고려한다는 뜻으로 받아들여서는 안 된다. 단지 예보의 방식이 결정론적인 접근 방식(어느 장소에 어떤 시간에 얼마만큼의 비가 내릴 것이다.)에서 통계적인 접근 방식(어떤 기간 동안, 어떤 지역에서, 비가 내릴 확률은 얼마일 것이다.)으로 전환하는 것으로 이해해야 한다.

그렇다면 통계적 접근 방식°이란 어떻게 실현할까? 왜 통계적 접근 방식은 결정론적 접근 방식보다 더 정확하게 날씨를 예보하는가?

통계적 접근 방식을 실현하려면, 초기 상태(절대적인 값을 주더라도 어차피 불확실할 수밖에 없는)를 그와는 다소 차이 나지

• • • •

통계적 접근 방식 결정론적 예보 모델의 결과와 확률 통계 이론을 결합한 방법으로 기상 예보에 매우 유용하게 쓰인다.

만 불확실성의 허용치 내에 있는 전체 상태와 치환하면 된다. 그러면 단정적 예보 대신에 초깃값으로 주어진 각각의 날씨로부터 더 명확하고 사실과 가까운 듯한 통계적 예보를 얻을 수 있다. 통계적 예보는 미래의 날씨 변화에 대한 모든 가능성을 포함하므로 결정론적 예보보다 오히려 현실을 더 완벽하게 표현한다.

비 오는 것을 예측할 수 있을까?

수많은 기상 현상들 중에서도 비는 날씨의 카오스적 특성을 드러내는 가장 흔한 예이며, 날씨의 우연성을 나타내는 가장 좋은 표지이다. 요컨대 비는 통계적 예보를 가장 어렵게 만드는 요소인 것이다.

그렇다면 비는 왜 그러한 특성을 보일까? 비의 구조는 구름의 구조와 연결되어 있기 때문이다. 비와 구름의 구조는 기온이나 기압의 구조보다 훨씬 더 불규칙하고 돌발적이다. 이 우연성 넘치는 기상 현상을 예보에서 다루기란 정말 어렵지만, 사람들이 가장 알고 싶어 하는 정보가 바로 비에 대한 것이다.

어떤 비는 층을 이룬 구름(층운)에서 생긴다. 층운(안개구름)

은 지평선과 수평으로 넓고 두껍게 쌓여 있는 안정된 구름이다. 층운에서 조금씩 계속 내리는 비는 비교적 예보하기 쉽다.

예보하기가 정말로 어려운 것은 **대류성 비**이다. 이 비는 적란운(소나기구름)이나 적운(뭉게구름)에서 생긴다. 적란운이나 적운은 지평선과 거의 수직을 이루면서 길게 뻗어 오른 모양을 한 불안정한 구름이며, 삼차원적인 불규칙한 움직임을 보인다. 대류성 비는 불시에 격렬하게 쏟아진다. 따라서 이러한 비는 수치 모델의 격자 안에 하나하나를 정확하게 나타낼 수 없다.

기압은 일기 예보에 어떤 영향을 미칠까?

비의 경우에서 보듯이, 어떤 기상 현상들은 다른 현상들보다 예측하기 힘들다. 따라서 기상 현상들의 예측 가능성이 모두 균일한 것은 아니다. 앞에서 예측 가능성의 한계가 10일에서 15일이라고 했던 것은 기상 현상 전체를 염두에 둔 일종의 평균치를 말한 것뿐이다. 어떤 기상 현상은 어쩌면 단 하루도 예측하기 어렵다. 대기의 관측에서 보이는 기상 상태의 엄청난 변화 양상은 정말 놀라울 정도니까 말이다.

그러나 이러한 상황에서도 우리는 거칠게나마 날씨를 유형

별로 분류하고, 그 유형 안에서 다소 장기적인 예보도 한다. 예를 들어, 겨울철 서유럽에서 매우 뚜렷하고 대조적인 두 가지 날씨 유형을 분리하여 그 각각이 어떻게 되는지를 예측하는 것이다.

겨울이 되면 프랑스는 자주 북대서양 쪽에서 오는 저기압에 휩싸인다. 이 해양성 날씨 또는 저기압 날씨에 들면 프랑스 전역은 비교적 따뜻하고 습해진다. 이게 가장 흔한 겨울 날씨이다.

그러나 가끔 겨울에 해양성 날씨가 안정된 기상 상황으로 자리 잡지 못하는 일이 발생한다. 그러면 저기압 대신에 고기압이 대서양 동쪽 가장자리와 유럽 서해안에 자리 잡는다. 이를 **저지 현상**이라고 하는데, 과거에 비해서는 자주 발생하지 않고 있다.

저지 현상에 따라서 대서양 동쪽에 자리 잡은 고기압은 미국 쪽에서 오는 저기압이 유럽으로 향하는 것을 가로막는다. 그러면 저기압을 이루는 기단은 시계 방향으로 고기압 주위를 돈다. 이때 고기압 서쪽에 있던, 북대서양 저기압과 이어진 따뜻하고 습한 대양성 공기는 프랑스가 아니라 아이슬란드와 페로 군도를 따뜻하게 해 주면서 고위도 지방으로 거슬러 올라간다. 대신 고기압 동쪽에 있는 유럽은 아한대 지역에서 불어오는 찬바람에 휩싸인다. 프랑스 겨울의 한파는 이렇게 해서 몰

려오는 것이다. 이 한파는 그다지 오래 지속되지는 않지만, 1956년 2월처럼 한 달 정도는 지속될 수 있다.

고기압 상태가 저기압 상태보다 날씨를 예측하기가 쉽다. 저기압은 무(無)로부터 나온다. 대기 내에 발생한 아주 작은 교란이 점차 커지면서 생기는 것이다. 따라서 저기압은 대기 흐름에 불안정한 요소가 다수 내재되어 있다는 신호이다. 그러한 불안정한 대기 흐름은 카오스적 반응을 보이다 마침내 예측 불능 상태에 빠진다. 교란의 수명은 탄생에서 소실까지 대략 1주일 정도 걸린다.

저기압은 15일 정도면 무에서부터 충분히 커져서 초기 상태를 모조리 의미 없게 만들 만큼 대기 전체를 교란한다. 반대로 고기압은 비교적 안정되어 있으므로 대기 상태를 정돈하여 변화 요소를 작게 만든다. 고기압으로 인하여 날씨의 예측 가능성은 일시 개선된다.

일기 예보가 믿을 만한지 어떻게 알 수 있을까?

예측 가능성은 날씨의 유형에 따라 달라지기 때문에 이러한 날씨 유형이 신뢰할 만한지 미리 알 수 있어야 한다. 게다가 좋은 예보는 날씨를 예고하는 것만이 아니라 신뢰도도 명확히 표시되어야 한다. 통계적 접근 방식은 신뢰도 면에서 아주 뛰어난 예보 가능성을 갖고 있다.

사실, 비슷한 예측 자료들이 서로 달라지는 방식을 연구하는 것으로도 예보의 신뢰도를 충분히 확보할 수 있다. 만약 어떤 자료들이 오랫동안 서로 비슷하고 일관성이 있다면 그 자료는 믿을 만하다. 그러나 갑자기 자료의 일관성이 급격히 사라지면, 그땐 신뢰도가 떨어진다는 것을 예상할 수 있다. 물론 이 원칙으로부터 신뢰할 만한 자료들을 수치화할 수 있다.

끝으로, 선험적으로 가장 신뢰도가 떨어지는 자료가 어쩌면 사람들이 가장 중시하는 자료일지도 모른다는 것을 알려 주고 싶다. 기상 현상과 관련되어 있는 극단적 사건들, 즉 정상적인 것과는 거리가 먼 기상학적 사건들의 자료야말로 사람들이 가장 설명을 듣고 싶어 하는 것이다.

4

10년 후의 날씨를
예측할 수는 없을까?

먼 미래의 날씨를 알 수 있는 방법은 없을까?

이 책을 처음 시작할 때 우리는 결정론적인 관점에서 일기 예보의 문제를 관찰했다. 언제, 어디에서, 어떤 날씨가 나타날 것인가를 묻고 그에 대답하려 애썼다.

그다음에는 우연히 발생하는 여러 가지 기상 현상이 예보를 불확실하게 만든다는 것을 살펴보았다. 이 불확실성은 예측 가능성의 절대적인 한계인 10일에서 15일까지 계속해서 커져 그 이후로는 아예 날씨를 예측할 수 없게 만들었다.

그러나 이러한 절대 한계가 있다고 해서 예보를 포기하는 것은 옳은 일일까? 그건 아니다. 왜냐하면 그러한 한계를 극복하는 통계의 힘이 여전히 남아 있기 때문이다.

바닷물의 온도, 지표면의 습도, 적설량 등의 각종 통계 자료를 이용하면
날씨 예측에 따른 절대 한계를 넘어설 수 있다.

몇 달 후의 날씨를 알아낼 수 있을까?

결정론적 방법의 한계를 넘어서까지 날씨를 예측하고 싶어 하는 것은 당연할 것이다. 게다가 요즘에는 절대적 한계를 넘어서는 경우의 날씨를 예보해 달라는 사회적 요청도 대단하다. 한 달이나 한 계절에 해당하는 기간에 대한 예보 말이다. 이러한 사회적 요청을 최대한 수용하기 위해서 우리는 어떤 방법을 생각해 보아야 할까? 통계적인 방법을 사용하면 그렇게 긴 기간들을 예보하는 것이 가능할까?

어떤 날씨 유형 안에서 개별적인 현상에 대한 결정론적 예측이 며칠 후에 틀린다고 해서, 날씨 유형 자체가 아예 예측 가능성을 모조리 상실했다고 말할 수는 없다. 가령, 내일 비가 그치리라는 예보가 틀렸다고 해서 장마가 끝나고 무더위가 시작되리라는 일반적인 예측 자체가 틀렸다고 보기는 어렵다는 것이다.

가끔씩 두 가지 날씨 유형이 서로 바뀌어서 나타나는 경우도 있으므로 날씨 유형 자체를 예보로 보기는 힘들다. 그렇지만 날씨 유형은 일정 기간의 날씨를 예측하는 데 결코 무시 못할 정보를 포함하고 있다. 한마디로 말해 날씨보다는 날씨 유형이 더 긴 기간에 대한 예측이라 할 수 있다. 예를 들어서, 북태평양 고기압이 발달하면, 한 달 정도 후에 인도나 동남아시아에서 몬순(계절풍)이 불 때 적당한 비를 내릴 것이라는 예고라고 할 수 있다.

한편, 장기간에 걸친 교란 가능성이 어느 정도일지를 예측할 수도 있다.

앞에서 보았듯이, 대기는 끊임없는 불안정성의 중심이며, 자연 발생적인 교란의 근원지이다. 교란이 언제, 어디에서 나타날지를 미리부터 예측할 수는 없다. 그러나 교란 자체의 발생 가능성은 대기 외적인 요인을 통하여, 즉 바닷물의 온도, 지표면의 습도, 만년설과 같은 눈이 쌓인 정도 등에 따라서 어느 정도는 결정된다.

대기의 교란 가능성을 예측하고자 할 때 우리는 여러 가지 표징을 이용한다. 그중에서 가장 대표적인 현상이 바로 엘니뇨이다.

엘니뇨란 남아메리카 서쪽 해안을 따라서 흐르는 페루 해류의 적도 해역 수온이 주변 해역보다 섭씨 2~10도 정도 높아지는 현상이다. 짧게는 2년, 길게는 6년 정도에 한 번씩 불규칙하게 나타나며, 대기 순환에 커다란 변화를 가져와 전 세계에서 수많은 이상 기상 현상을 일으킨다.

일단 엘니뇨 때문에 생긴 뜨거운 해류를 따라 많은 비가 내린다. 이에 따라 에콰도르에서 칠레에 이르는 지역의 농업과 어업이 피해를 입는 것은 물론 페루나 미국 캘리포니아 등지에 집중 호우가 쏟아지며, 브라질의 아마존이나 오스트레일리아 등에서는 평소보다 비가 덜 내린다. 한편, 인도 지역의 몬순도 활동성이 크게 떨어진다.

바다는 대기에 비하여 온도 변화에 민감하지 않으므로 엘니뇨와 같은 바닷물의 순환 현상은 대기의 순환만을 다루는 것보다 훨씬 더 긴 기간의 날씨를 예측할 수 있게 해 준다. 다시 말해서 바다에 대기를 연결한 기상 모델들은 1~2년까지 통계적으로 유용한 예측 자료를 제공할 수 있는 것이다.

마지막으로 지표면의 습도를 통하여 예측의 절대적인 한계를 넘어설 수 있다. 바닷물의 온도와 마찬가지로 지표면의 습도는 대기보다 느리게 변한다. 대기는 열 교환과 증발 현상 때문에 지표면의 영향을 강하게 받는다. 또 저기압은 지표면의 습도가 어떤 상태인가에 따라 다소 쉽게 발달할 수 있다.

따라서 대기보다 느리게 변화하는 현상이 날씨에 어떤 영향을 미치는지를 주의 깊게 관찰하면 예측의 절대 한계를 넘어설 수 있다. 초기 상태에 집어넣어야 하는 이러한 현상에 관련된 자료들을 축적하여 분석할 수 있다면, 이는 예측 가능성을 높이는 동시에 우리가 통계적인 접근 방법을 써서 미래의 날씨를 예측하는 것을 강력하게 고려하도록 만든다.

기후 변화도 예측할 수 있을까?

지금까지 지표면의 습도나 바닷물의 순환과 같은 느리게 변화하는 현상이 대기에 서서히 영향을 미치고, 이를 잘 활용하면 몇 달 정도는 아주 쓸모 있는 통계적 예보 가능성을 제공하는 것을 보았다. 그렇다면 그보다 멀리 예측하고자 할 때 이용할 만한 자료에는 무엇이 있을까?

기후 변화이다. 예를 들어, 기후 모델들은 **온실 가스**의 급속한 방출 때문에 한 세기 뒤에는 지구의 기온이 평균 3도 정도 올라간다는 예측을 보여 준다. 그런데 날씨는 2주일 이상 예측할 수 없고, 엘니뇨 역시 2년 이상 예측할 수 없다면서, 어떻

● ● ●

온실 효과 대기 중의 수증기, 이산화탄소, 오존 따위가 지표에서 우주 공간으로 향하는 적외선 복사를 대부분 흡수하여 지표의 온도를 비교적 높게 유지하는 작용. 빛은 받아들이고 열은 내보내지 않는 온실과 같은 작용을 한다는 데서 유래한 말이다. 이에 대해 자세히 알고 싶은 사람은 이 시리즈에 속한 『기후가 미친 걸까?』를 참조하라.

게 100년 후를 예보할 수 있을까?

언뜻 보면 이는 모순이나 역설처럼 보이지만 그렇지 않다. 적절한 통계 자료를 사용하면 그러한 예보가 가능하다. 다시 말해 기후란 순수하게 통계 문제일 뿐이다.

가령, 자연 상태를 거의 비슷하게 재현한 기후 모델에서는 아무 원인도 없이, 또는 거의 어떠한 원인도 없이 교란이 나타난다. 일단 출현한 후 교란은 점차 자주 나타나면서 그 폭이 커지고 주변으로 확산되다가 갑자기 세력을 잃고 사라져 버린다. 그런데 기후 모델에서 교란이 발생한 지역은 실제로도 교란이 발생한다. 두 교란은 비슷한 길을 따라가기 때문에 거의 비슷한 일생을 산다. 지속 기간이나 기온 차 등이 거의 똑같이 나타나는 것이다.

기후 모델은 실제 자연처럼 비가 내리고 눈이 오도록 만들어졌다. 기후 모델은 각자의 고유한 특징에 따라 지표면과 대기에서 온도 변화를 일으키고, 적외선 복사와 태양 복사를 고려하면서 구름을 만들어 낸다.

예보로서 별 가치가 없는 지점까지 계산을 밀고 나갈 경우, 기후 모델은 아주 특수한 기후 상황은 몰라도 일반적인 기후까지는 재현해 낸다. 따라서 수치 모델을 이용하여 인간 활동으로 인한 지구의 교란 때문에 생기는 기후 변동을 연구할 수 있다. 대기 오염이나 대기 가스의 증가에 따른 온실 효과나 열대 지방의 집중적인 산림 벌채가 지구 전체의 기후에 미치는 영향 등을 알아낼 수 있는 것이다.

5

나비 효과를
막을 수 있을까?

15일이라는 한계를 넘을 수 있을까?

지금까지 살펴보았듯이, 엄청나게 거대한 기상 교란 현상도 처음에는 지구 한구석에서 일어난 아주 사소한 변화에서부터 시작한다. 심지어 거의 무(無)에서 시작한다고 볼 수도 있다. 북경 하늘을 나는 나비의 날갯짓 한 번이 15일 후에 지구 전체의 날씨를 온통 바꾸어 버리는 것이다.

'나비 효과'라는 비유는 대기라는 유체의 근본적인 속성을 표현한다. 이때 15일은 대기 운동의 예측 가능성에 대한 이론적 한계를 보여 준다. 15일은 무에서 유가 생겨날 수 있는 기간이며, 초기 상태에서 생긴 사소한 오류들이 예보 전체를 망치게 할 수 있는 기간이다. 관측 기술이 아무리 발달하고 수치 모델이 아무리 좋아진다 할지라도, 15일은 어떤 지역의 날씨를

나비의 날갯짓 한 번이 15일 후 지구 전체의 날씨를 온통 바꾸어 놓을 수 있다.
나비 효과는 날씨의 예측 가능성이 갖는 한계를 잘 설명해 준다.

예측하는 경우에는 넘을 수 없는 한계가 될 것이다. 그나마 현재의 기술 수준으로 일기 예보는 1주일 이상을 넘으면 의미 있는 예측을 하지 못한다. 또 15일의 한계를 극복하기 위한 개선 작업은 고도의 기술과 많은 돈을 필요로 하기 때문에 점점 더 늦어지고 힘들어질 것이다.

기상 현상에 나타나는 카오스적 요소들은 날씨의 예측을 조금씩 부정확하게 만든다. 따라서 우리는 내일 또는 주말에 대한 일기 예보를 볼 때마다 그게 틀렸을지도 모른다는 의심을 품게 된다. 물론 앞에서 보았듯이 1주일만 넘어도 언제, 어디서, 어떤 기상학적 사건이 발생할지를 예보할 수는 없지만, 어떤 날씨 유형이 평소보다 더 많이 발생할까 하는 것은 그보다 쉽게 예측할 수 있다. 그러나 날씨 유형을 예측하는 것도 3개월 정도를 넘으면 아주 어려워진다. 따라서 우리는 기후 자체를 가정해서 만들어 볼 수 없다. 언제, 어디서, 어떻게 돌발적인 기상 현상이 나타날지 모르기 때문에 기후와 관련된 어떠한 예측이라 할지라도 맞을 확률이 50퍼센트밖에 되지 않기 때문이다.

프랑스의 수학자이자 물리학자인 피에르시몽 라플라스의 생각에 따르면, 우리가 어떤 순간에 어떤 지역의 날씨를 하나도 빠짐없이 정확하게 알 수만 있다면, 미래의 날씨를 완벽하게 알아내는 것이 가능하다. 이러한 입장에서 볼 때, 기상학이란 다소 의심이 가는 학문일지도 모른다. 하지만 독자들이여, 잘 생각해 보라. 라플라스의 주장대로라면 노르망디 해변의 2004년 2월 12일 15시 31분의 하늘 모습을 1년 전에 정확하게 예보해야 한다는 이야기이다. 이게 어찌 가능하겠는가? 우연한 기상 현상들로 인해 틀릴 때도 있지만, 일기 예보는 현재 상태로도 우리의 삶에 약간이라도 도움이 되지 않는가?

더 읽어 볼 책들

- 김영섭 외, 『대기 역학 에센스』(시그마프레스, 2003).

- 반기성, 『전쟁과 기상』(명진출판사, 2001).

- 윤성탁, 『생활 기상 이야기』(단국대 출판부, 2001).

- 이동규 외, 『21세기 과학의 포커스』(사계절, 1996).

- 하경자, 『대기 열역학』(시그마프레스, 2001).

- 로베르 사두르니, 김은연 옮김, 『기후』(영림카디널, 2003).

- 매들린 내시, 이면우 외 옮김, 『엘니뇨의 비밀』(중심, 2003).

- 얀 클라게, 이상기 옮김, 『날씨가 역사를 만든다』(황소자리, 2004).

- 존 린치, 이강웅 · 김맹기 옮김, 『길들여지지 않는 날씨』(한승, 2004).

논술·구술 시험은 논리적이고 종합적인 사고를 요구한다. 다음에 제시된 문제는 이 책의 주제와 연관이 있는 논술·구술 기출 문제이다. 이 책을 통하여 습득한 과학적 지식과 원리, 입체적이고 논리적인 접근 방식을 활용하여 스스로 문제에 답해 보자.

▶ 다음 날 일기 예보는 보통 80퍼센트의 적중률을 갖는다고 한다. 뉴스에서는 사나흘, 혹은 일주일 뒤의 일기 예보를 하기도 하는데, 며칠 뒤의 예보부터는 맞는 확률보다 틀릴 확률이 높겠는가?(참고 : 0.8은 약 $10^{-0.097}$이고 0.5는 약 $10^{-0.3}$이다.)

▶ 적도의 해수면 온도가 올라갔을 때 나타나는 현상에 대해 설명해 보시오.

▶ 수소풍선 속의 압력과 대기압을 비교하고 하늘로 올라갔던 풍선이 밤에 다시 가라앉는 이유를 설명하라. 또한 풍선이 공중에 정지해 있을 때 받는 힘과 가라앉았던 풍선을 낮에 햇빛을 비추어 주었을 때 나타나는 현상에 대하여 설명하라.

옮긴이 | 정나원

성균관대 불문과 대학원을 졸업했다. 현재 전문 번역가로 활동 중이다.

민음 바칼로레아 19

일기 예보를 믿을 수 있을까?

2판 1쇄 펴냄 2021년 3월 30일
2판 5쇄 펴냄 2024년 8월 8일

1판 1쇄 펴냄 2006년 3월 14일
1판 3쇄 펴냄 2013년 9월 19일

지은이 | 로베르 사두르니
감수자 | 이동규
옮긴이 | 정나원
발행인 | 박근섭
펴낸곳 | ㈜민음인

출판등록 | 2009. 10. 8 (제2009-000273호)
주소 | 06027 서울 강남구 도산대로 1길 62 강남출판문화센터 5층
전화 | 영업부 515-2000 **편집부** 3446-8774 **팩시밀리** 515-2007
홈페이지 | minumin.minumsa.com

도서 파본 등의 이유로 반송이 필요할 경우에는 구매처에서 교환하시고
출판사 교환이 필요할 경우에는 아래 주소로 반송 사유를 적어 도서와 함께 보내주세요.
06027 서울 강남구 도산대로 1길 62 강남출판문화센터 6층 민음인 마케팅부

한국어판 © (주)민음인, 2006. Printed in Seoul, Korea
ISBN 979 11-5888-781-0 04000
ISBN 979 11-5888-823-7 04000(set)

㈜민음인은 민음사 출판 그룹의 자회사입니다.